PRATICAMENTE, NÃO É MINHA CULPA!

Catalogação na Fonte
Elaborado por: Dayanne Leal Souza
Bibliotecária CRB 9/2162

C223p
2025

Canielo, Valéria de Oliveira Silva
Praticamente, não é minha culpa! / Valéria de Oliveira Silva Canielo; ilustrações de Mariana Martins. – 1. ed. – Curitiba: Appris, 2025.
36 p.: il. color. ; 20 cm.

ISBN 978-65-250-8133-5

1. Literatura infanto juvenil. 2. Responsabilidade. 3. Escolhas. 4. Culpa. I. Título.

CDD – 028.5

Appris editorial

Editora e Livraria Appris Ltda.
Av. Manoel Ribas, 2265 – Mercês
Curitiba/PR – CEP: 80810-002
Tel. (41) 3156 - 4731
www.editoraappris.com.br

Printed in Brazil
Impresso no Brasil

Valéria de Oliveira Silva Canielo
Ilustrações de Mariana Martins

PRATICAMENTE, NÃO É MINHA CULPA!

artêrinha

Curitiba, PR
2025

Este livro é dedicado aos meus pais, Maria e Pimpim, por todo o amor recebido. Ao meu marido, André, pelo apoio incondicional às minhas histórias e ideias. Aos meus filhos, Teresa Cristina, que inspirou esta história, e ao Marcelo, por me ensinar a acreditar e persistir nos sonhos. Aos meus irmãos, sobrinhos e amigos. Aos meus pacientes, que nutriram o desejo de realizar a publicação deste livro.
E a todas as crianças, adolescentes e adultos que irão aprender e se beneficiar com esta leitura.

Era uma vez uma linda menina chamada Lua. Ela tinha 9 anos, cabelos castanhos e olhos espertos. Lua gostava de brincar, correr, pular e saltar. Tinha muita energia e não gostava de ficar parada. Intensa, queria aproveitar tudo o tempo todo.

A mãe de Lua se chamava Rosa, e o pai de Lua se chamava Beto. Ela também tinha um irmão chamado Tito, que era mais velho. Os dois sempre brincavam juntos e brigavam muito também. Coisa de irmão!

No dia a dia de Lua, sempre acontecia um monte de coisas que davam certo e outras que davam errado, como acontece na vida de todas as crianças. Mas, quando acontecia alguma coisa que dava errado ou deixava sua mãe chateada, a primeira frase que Lua dizia era:

— Praticamente, não é minha culpa!!

Calma, que vou explicar para você entender melhor as coisas que aconteciam.

Em um dia, na hora do almoço, Lua estava muito curiosa para experimentar um suco de amora pela primeira vez. Ela estava tão ansiosa que queria servir logo seu suco. Na pressa de colocar o suco, sabe o que aconteceu? Encheu o copo e... *praft*!! O copo virou, derramando o suco todinho. Sujou a mesa, a cadeira, a roupa e o chão. Foi aquela confusão.

Sua mãe Rosa ficou estressada e disse:

— Você precisa ter mais atenção!

E Lua rapidamente respondeu:

— Praticamente, não é minha culpa!!

A culpa foi do copo. Ele estava tão ansioso com o suco novo que queria que todos, até a mesa e o chão, sentissem o gostinho dele.

Ah!! E não foi só essa não...

Em um sábado, Lua foi dormir na casa da sua amiga Tina. Sabe o que elas fizeram? Virote! Você sabe o que é virote? Não? É ficar acordado na frente da TV a noite toda, jogando e comendo besteira. Mas o problema não foi o virote, não; foi o que aconteceu por causa do virote.

No café da manhã, mais ou menos às 6h, elas estavam com muito sono. E o que acontece quando a gente fica com sono? Você, eu não sei, mas a Lua fica muito irritada e distraída. Então, elas foram dormir? Não! Resolveram que estava na hora do café da manhã e inventaram um tal de milkshake de chocolate.

Ao colocar os ingredientes no liquidificador, o copo do liquidificador caiu...

... quebrou e cortou a perna de Lua.

Conclusão: a brincadeira acabou,
Lua teve que ir para o hospital e ganhou 5 pontos na perna.

Neste dia, Rosa chegou correndo na casa da amiga e ficou triste quando viu Lua com a perna cortada. E Lua, chorando, foi logo explicando:

— **Praticamente, não é minha culpa!!**

Foi o copo de liquidificador. Ele estava muito irritado porque colocamos ele para trabalhar logo cedo. Ele ainda estava dormindo, acordou mal-humorado, então se jogou no chão, recusando-se a trabalhar. O bobo se espatifou todo e ainda cortou a minha perna. Agora vou ganhar uma cicatriz.

E tem mais estripulias...

Em uma terça feira à tarde, Lua queria brincar com seu irmão Tito, mas ele estava estudando e não estava com vontade de brincar.

Sua mãe, Rosa, estava trabalhando no quarto.

Entediada, Lua pegou a sua flauta para brincar e, ao invés de tocar a flauta, ela começou a jogá-la para cima. Jogava, a flauta rodopiava e Lua a pegava de volta. Mais uma vez, jogava, a flauta rodopiava e ela a pegava.

Resultado: a flauta caiu e bateu com muita força na boca de Lua, quebrando um dente da frente. Lua chorou muito porque doeu e porque ela agora estava com um dente quebrado, e logo na frente.

Tito parou de estudar e foi ver o que estava acontecendo. Rosa também ouviu o choro de Lua e foi correndo ver. Assustada e triste, Rosa perguntou o que tinha acontecido. Você sabe o que Lua respondeu?

— Praticamente, não é minha culpa!!

Eu estava entediada porque não tinha ninguém para brincar comigo e comecei a brincar com a flauta, jogando-a para cima. Mas a Dona Flauta, exibida, não gostou e disse que ela era feita para ser tocada e encantar com sua melodia, e não para ser jogada igual a uma bola para cima.

Na terceira vez, ela caiu com tudo, acertou minha boca e quebrou meu dente. Mas, para ela deixar de ser malvada e aprender a brincar, eu a joguei no lixo. Ela nunca mais vai fazer malcriação com ninguém.

Até que, um dia, Lua fez um novo amigo, Miguel. Ele mudou-se para o prédio dela. Tinham a mesma idade, além de serem muito parecidos: não gostavam de perder tempo e adoravam as mesmas coisas. Era uma delícia brincar com ele.

Um dia, eles estavam brincando no parquinho, num brinquedo chamado gira-gira. Lua era a campeã do gira-gira, girava muito forte e todos ficavam tontos. Miguel, que gostava de participar de tudo, sentou-se no gira-gira para brincar.

Lua, então, não perdeu tempo e, sem avisar o pobre do Miguel, girou, girou e girou tão forte até todos ficarem tontos. Mas o Miguel não ficou só tonto; ele também ficou enjoado e acabou vomitando.

Sujou todo mundo no Gira-Gira. Todos ficaram com o vômito do Miguel no rosto. Foi aquele caos. Algumas crianças começaram a vomitar por conta do cheiro, outras choravam.

O coitado do Miguel estava tonto e pálido. Lua ficou com uma confusão de sentimentos: raiva porque estava suja, tristeza e preocupação com o Miguel, que não estava muito bem.

Os adultos vieram correndo para saber o que tinha acontecido. E as crianças, chorando, apontavam para a Lua e falavam:

— A culpa foi dela, que girou forte demais!

Lua tentou se defender, mas eram muitas crianças chorando e gritando ao mesmo tempo. E ela só conseguia ouvir:

— A culpa é sua!!!

— A culpa é sua!!!

Os adultos levaram as crianças para casa. Rosa chegou e Lua foi logo dizendo:

— Praticamente, não é minha culpa!!

A culpa foi do gira-gira, que estava muito feliz com a presença de Miguel, e girou-girou sem perceber que estava forte demais; e aí aconteceu tudo isso.

Desta vez, sua mãe, Rosa, perguntou:

— Lua, será que você também não estava sentindo um pouco dessa alegria e ansiedade igual ao gira-gira?

Lua olhou para a mãe e, pensativa, disse:

— Acho que sim!

E exclamou:

— Mas, eu não quero ter culpa!

Rosa disse:

— Mas não é uma questão de culpa, e sim de responsabilidade. Quando a gente sente que erra em alguma coisa, sabe o que podemos fazer?

Lua balançou a cabeça negativamente e Rosa disse:

— Repensar nossas ações e fazer diferente da próxima vez. Também podemos pedir desculpas.

Naquela noite, depois de toda a confusão, na hora em que foi dormir, Lua ficou pensando em tudo o que tinha acontecido no seu dia e que ela tinha um pouco de culpa e responsabilidade por ter feito escolhas erradas. Ela percebeu que os sentimentos que os objetos e as coisas sentiam eram, na verdade, dela. E aprendeu que, dali para frente, ela poderia fazer escolhas diferentes.

No dia seguinte, Lua se levantou cedo e foi com sua mãe à casa de cada criança que estava com ela no gira-gira. Sabe o que ela fez? Pediu desculpas! A última casa foi a do Miguel. Ela estava com medo de ele ter ficado doente e não querer brincar mais com ela. Miguel tinha acabado de acordar; Lua correu até ele e disse:

— Me desculpe! Estou muito triste por ter machucado você ontem.

Miguel, abriu um sorriso, abraçou Lua e disse:

— Está desculpada!

Valéria Canielo - Escritora

Psicóloga clínica, especialista em terapia cognitivo-comportamental da infância e da adolescência. Mestre em Desenvolvimento Humano e Responsabilidade Social. Possui especialização em Neuropsicologia, formação em Terapia do Esquema, formação de facilitadores em Dinâmica em Grupo e Relações Interpessoais. Professora universitária, escritora, contadora de histórias, é mãe, esposa e filha. Mineira da cidade de Nova Era/MG, nasceu em uma família alegre e com muitos irmãos. Desde pequena, sonhava em voar alto acima das montanhas e poder escrever o mundo. A menina cresceu, voou e se encantou pela imensidão do azul de Salvador, onde o sonho a reencontrou e agora com desejo de unir a psicologia às histórias. Seu primeiro livro foi publicado em 2020, *O menino que falava para dentro*, este é seu segundo.

E-mail: valeriacanielo@hotmail.com

Instagram: @valeriacanielopsicologa

Mariana Martins - Ilustradora

Mari é artista plástica, ilustradora e arteterapeuta junguiana. Desde pequena, inspirada pelos clássicos da literatura infantil, passou a criar seus próprios mundos e a dar vida a diferentes universos. Acredita que a arte é um convite para o sonhar.

E-mail: maripaintart@outlook.com

Instagram: @maripaintart